MARIA IRIS LO-BUONO MOREIRA

arempublico www.irisbuono.com
-Buono Dedela #dra.irisbuono
LO-BUONO #dicadairis @Iris Buon
ERAPIAEPOESIAIN @coachingfalare
airis @Iris Buono Maria Iris Lo-
@coachingfalarempublico www.i
onoMaria Iris Lo-Buono Dede
arempublico www.irisbuono.com
-Buono Dedela #dra.irisbuono
LO-BUONO #dicadairis @Iris Bu
ERAPIAEPOESIAIN @coachingfalare
airis @Iris Buono Maria Iris Lo-
@coachingfalarempublico www.
onoMaria Iris Lo-Buono Dede
arempublico www.irisbuono.com
-Buono Dedela #dra.irisbuono
blicowww.irisbuono.com IRISLO-BUONO
-Buono Dedela #dra.irisbuono
isbuono.com IRIS LO-BUONO #dicad
ela #dra.irisbuono #TERAPIAEPO
adairis @Iris Buono Maria Iris
ESIAIN @coachingfalarempublico
@Iris Buono Maria Iris Lo-Buon
ichingfalarempublicowww.irisbu
onoMaria Iris Lo-Buono Dede
arempublico www.irisbuono.com
-Buono Dedela #dra.irisbuono

#dicadairis @Iris Buono
TERAPIAEPOESIAIN @coachingfalarempublico
Maria Iris Lo-Buono Dedeia #dra.irisbuono
www.irisbuono.com IRIS LO-BUONO

Coordenação Editorial: May Parreira e Ferreira

Projeto gráfico e diagramação: Fafito Pancrazio

Ilustrações: Maria Iris Lo-Buono Moreira

M838n	Moreira, Maria Iris Lo-Buono. Namoradeiras em Quarentena: Poemas nas Janelas / Maria Iris Lo-Buono Moreira. – São Paulo, SP: Ofício das Palavras, 2020. 170 p. : 14 x 21 cm Inclui bibliografia ISBN 978-65-86892-03-1 1. Literatura brasileira – Poesia. I. Título. CDD B869.1

Elaborado por Maurício Amormino Júnior – CRB6/2422

Ofício da Palavras

Ofício das Palavras Editora e Estúdio Literário
Tel: (+55 12) 3972-2069
E-mail: contato@oficiodaspalavras.com.br
www.oficiodaspalavras.com.br

oficio_das_palavras
@oficio_das_palavras

NAMORADEIRAS EM QUARENTENA
POEMAS NAS JANELAS

MARIA IRIS LO-BUONO MOREIRA

2020

APRESENTAÇÃO

A pandemia se instalava como quem chega de mudança sem aviso prévio. Solavancos acotovelaram a gente num canto. O canto de casa com trinco na porta. E todas as ladainhas cantavam medo. E tome desencontros. Infodemia goela abaixo. Terrificados adormecíamos perdidos. Sem jardim, pomar ou sacada. Onde tomar ar? E veio aquele não-sei-o-que-me-dá de rompante que olha... tem um poder curativo, o fulano! Onde eu tenho passe livre se não brincar de juntar palavras até que elas se amem? Não tardou pra eu me ligar em outro canal. Sintonizei na minha melhor versão e fui aumentando o volume. Foi quando passei pela janela da área e dei de cara com um raio de sol. Ele estava ali deitado no parapeito piscando pra mim. E eu, meio embolorada, precisando dar um grau na vitamina D, cochichei baixinho:

- Aguarda só um tiquinho que vou ali apanhar meu caderninho.

Dias antes no último voo de BH pra São Paulo, naquele 16 de março, comprei-o no aeroporto de Confins. Meu elixir de calma-ria. Eu enluvada e de máscara (única, naquela loucura do salve-se quem puder) fiz minha primeira viagem para o que viria a partir daquele banho de sol na janela. Poetizar o confinamento! Nascia a série "Quarentena na janela". Debrucei-me num balé aleatório nas cin-

co janelas do apartamento por noventa e quatro dias de isolamento. Só meu olhar bambeava pra fora. Deixei que a rotina transformada, o visível e o velado me alcançassem. Virei devota namoradeira. Janelas contaram-me histórias. Janelas me escandalizaram. Janeleira fiquei, atônita escrevendo. Janelando voltei no tempo, baú e gavetinhas abri tudo de novo. Terapeuticamente saí da órbita do vírus. Namoradeiras de janela são suspiradeiras. Eu sou muitas e ainda estou. Então... tinha que lê-los em contentamento. Um minuto de vídeo para o Instagram e Facebook semana a semana, deixando passar bem passado os dias de quarentena. Eu fui! Afinal, como podem ser meus, poemas que você também viveu? E foi nessa descoberta sem mapa que peguei umas poucas unidades de carvão vegetal e trouxe, lá de um tempo distante, rabiscos da menina que sempre adorou papel e lápis. Ilustrei partículas dos versos. Outra janela de mim, abri. A pandemia nos trouxe estabilidade. A corda só fica bamba se nos vedam os olhos.
Ela pede menos máscara de nós.
Mais de nós.
Mais!

Iris
Iris Buono
Iris Lo-Buono
Maria Iris Lo-Buono
Maria Iris Lo-Buono Moreira

Às janelas emperradas.
Porque as que você abre todos
os dias não te fazem enxergar mais nada.

AGRADECIMENTOS

Aos dicionários, enciclopédias e livros antigos do escritório de meu pai. Brinquedos de infância.

Aos incentivos de tantas pessoas queridas que se apossaram da namoradeira em delírio nas janelas!

Ao olhar expectante de Áurea Rampazzo, Ana Reisky Führ e Thonny Barcellos.

Pelo apoio dos filhos Luiz Gustavo e Raquel a essa mãe recitadeira.

À Dona Zezé, minha mãe. Porque ela fala o que gosta e o que não. Adoro!

Ao Kaike, no avant-première de todos os dias em que a namoradeira abriu janelas!

16/03/20
COLOMBINA

Máscara branca no avião

Saudades da máscara negra do carnaval que passou

Pierrô não beija mais

Ainda não

Espera o vírus passar

20/03/20

CINCO MARIAS

Mãozinhas arqueadas
Ágeis dedinhos empurram trouxinhas
Pulam murinhos uma a uma
As cinco Marias
Quem se esparrama mais?
Criança ou saquinhos de areia
Sujinhos, ambos escovam o chão
A madeira velha do assoalho
Desliza a Maria risca de giz
Desfia a Maria xadrezinha
Que mal faz aquele arrozinho perder-se no buraquinho?
Faz mal não.
Tia Mariinha costura o furinho
E as cinco Marias voltam ao chão
Era assim.

Não vejo gente miúda da janela
Pedaço de pano virou máscara.

02/04/20

DISLIKE

Dona Dorita dourava-se
Reluzia em broches e brincos
Adornavam-lhe os cabelos brancos
os costumes ladinos
Dona Dorita da casa ao lado
De braços dados espigadinha
Seu Dolfino e a senhorinha
Subiam rua bengalando
Cinema de criança era calçada
A gente sabia onde morava a fada
Ver Dona Dorita passar era muito.
Melhor que um chá das cinco
Mais que um game
Mais que um zap
Um like...

Passaram ferrolho na porta.
A fada feneceu.

PUJANÇA

Eu criança amo
Casa de praia com sacada
Caco de quintal
Beirada de calçada
Da varanda, a enseada
Mandala de prata em tarde laranja
Ciranda de água salgada
Oráculo em brasa, bonança
No quintal, abacate
De uma carne esmeralda avantajada
Ou goiaba, pra dar com pau
Raspa de manga, mingau
Pela calçada, a meninada
Patuscada, biscoitança
Regalo vivaz de infância
Eu criança amo
Ensolarar.

LICOREIRA

Bico de jaca, cor de fogo e nácar
Sorvo cálices de jabuticaba
Gotas de pai

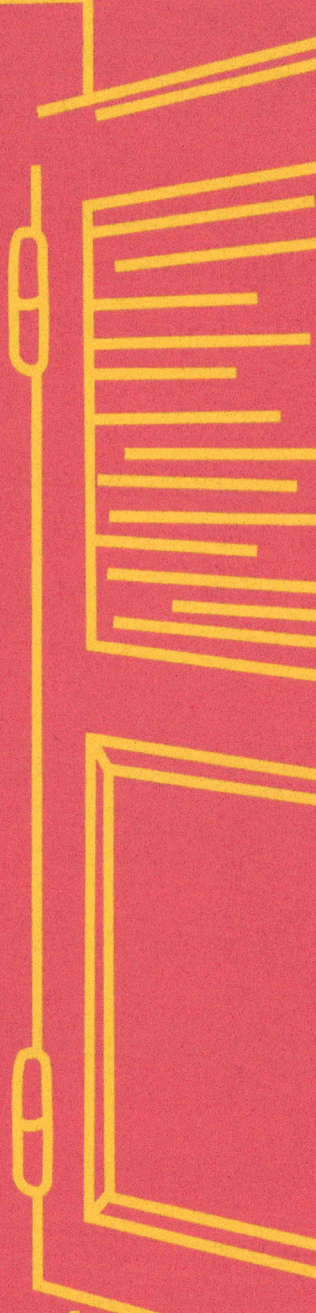

09/04/20
ALUGAM-SE BEIRAIS

Quase não os vejo mais
Para onde se mudaram?
Os vasos de flores miúdas
Violetas, cravinas e arrudas
Onde foram morar?
Os canteirinhos de sálvias e manjericão não estão
Também as cebolinhas não cheiram verde
Temporariamente desabrigados
Deram a vez para os calçados

Chinelos e botas ganharam passe
Tanques e baldes na retaguarda
Ficam de guarda na entrada
Quem da rua chega
Só vai mirar a flor da janela
Se lava o pé e deixa de molho
A pisada alvejada
É pra ganhar bença do sol amigo
General que tudo mata
Menos a esperança
De ver a violeta roxa, rosa ou branca
A colorir de volta o beiral!

10/04/20
CENTO E DOIS

Sentadinha à mesa da sala
    Vestido branco, cabelos de paina
        Todos os dias exibe saúde

Vestido amarelo, cabelos de neve
    Todos os dias implica com a outra
        Vestido xadrez, cabelos de lua

Todos os dias traz vida larga
    A paz das mãos é farta
        Repousam miúdas pergaminhando

Dos olhos, o lago azul
    Inunda manso, fatia de céu
        É paz carisma sem véu

Os pés não correm cotia
    A pressa do ontem serenou tranquila
        Da janela vejo cento e dois anos
            Tomando chá de camomila

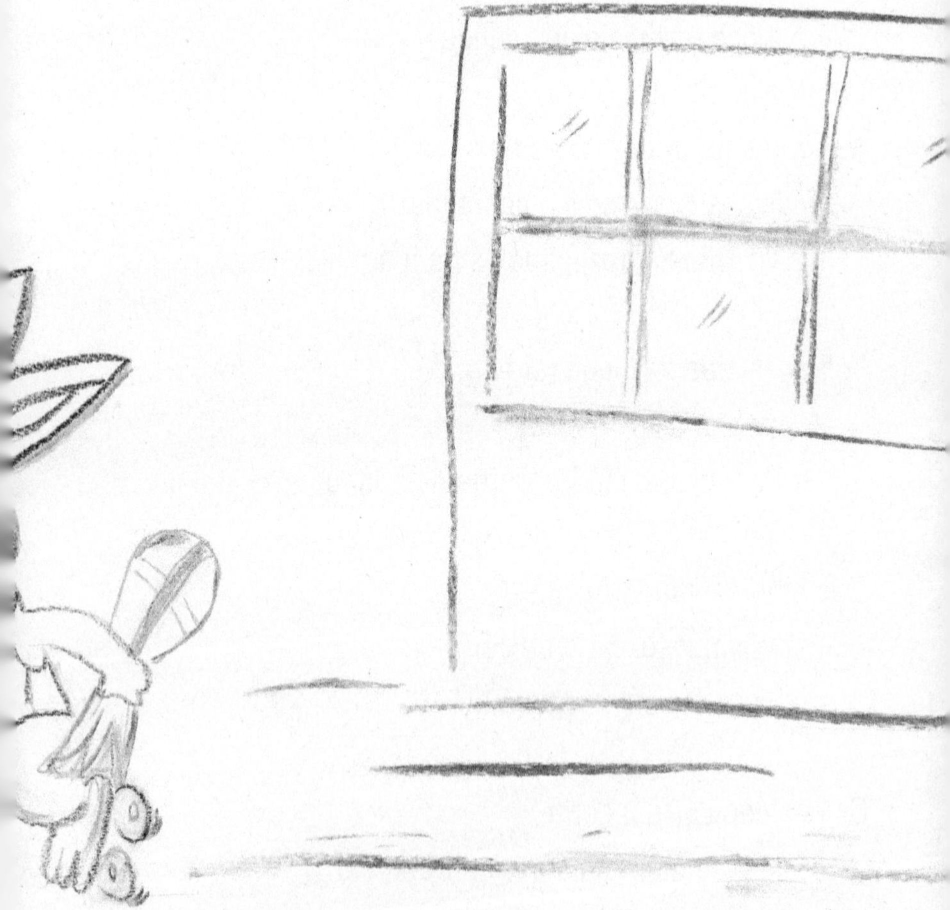

12/04/20

COELHO DE RODAS

Essa Páscoa sem convívio
Vem falar serenamente
Do plantio da semente
Do regar o caule tenro
E adubar a fina flor

Essa Páscoa sem abraços
Vem contar história antiga
Daquelas que a gente esquece
Cantiga que a gente esquece
Quando corre mais que a prece
De viver em harmonia

Nessa Páscoa, te mando um coelho
Passa agora em sua janela
Espalha amor sem vírus
Amor sentinela
E me devolve o seu sorriso

UMA CASA

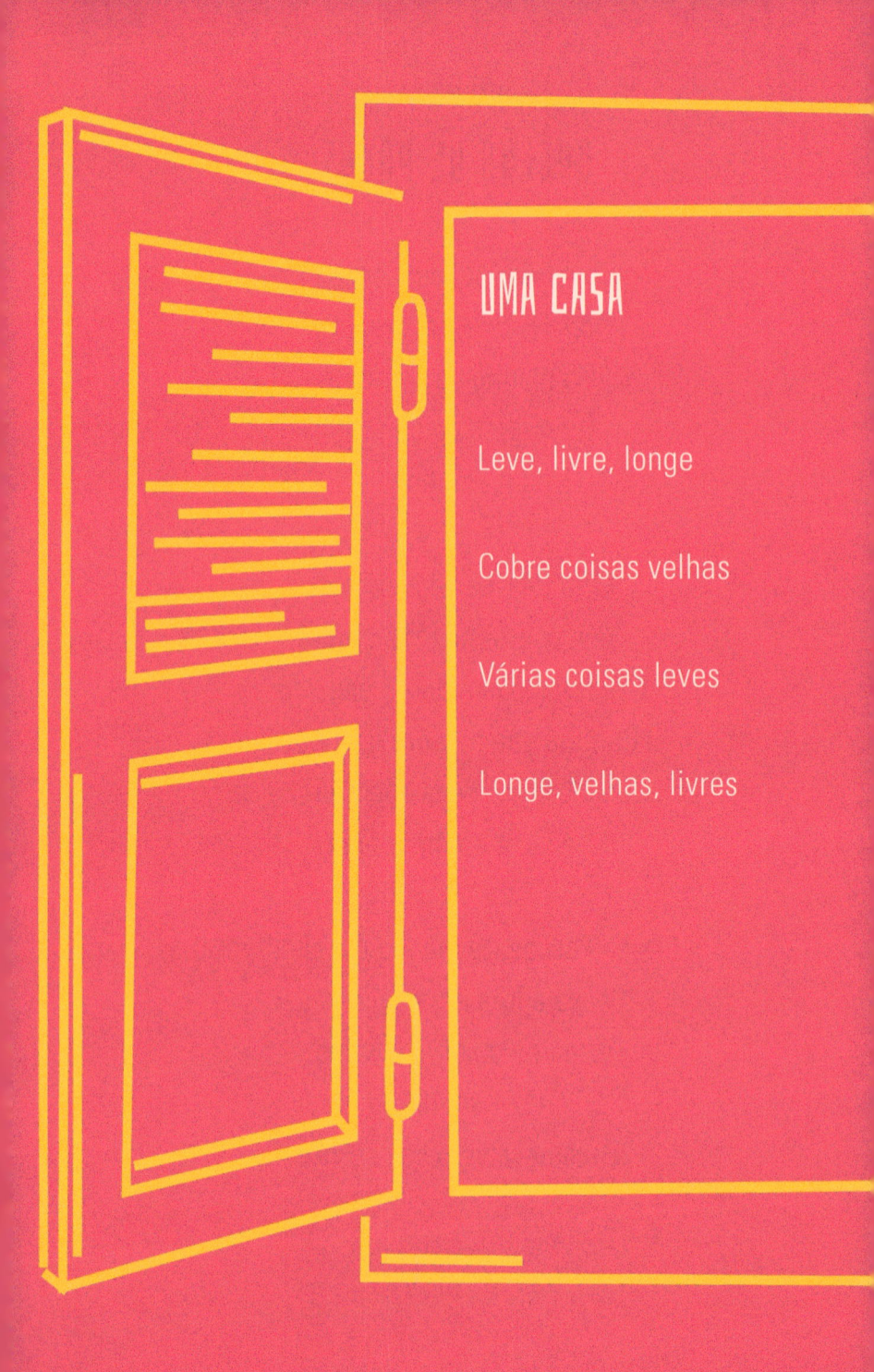

Leve, livre, longe

Cobre coisas velhas

Várias coisas leves

Longe, velhas, livres

UM VÃO TAMBÉM É CASA

Chão

Vão

Não

Chuva

Véu

Ninho

Choro

Vil

Nu

16/04/20

CANTIGA MUDA

Late o cão da rua invisível
Só um carro passa corrido
Passarinhos picotam o silêncio,
Atrapalhando a toada medonha
Do gerador furreca vizinho
Uma voz de criança atenua
Mas cai a panela gritando
E a lambreta sobe a rua!
Janela emperra de vez

Dói-me o ouvido, a vidraça emburrada
Isso é hora pra encrenca?
Agora é a tampa da caçarola
Pipoca três vezes sambando no chão
E grita desaforada Maria
Com a tampa ou com João?
Segue zoeira de carros em fila
Ninguém quietando em casa não?
Só vejo paredes desse beiral
As roupas... mudas no varal
Eu calada afinando um dó
Dó sem ré à espera de um lá.

17/04/20

MINISTRO

Vai não vai
Vira-vira
Verga-verga
Via sacra vermelho-sangue
Vira-mexe vento-virado
Na volta da lua a saúde C
                              A
                              I
                              U

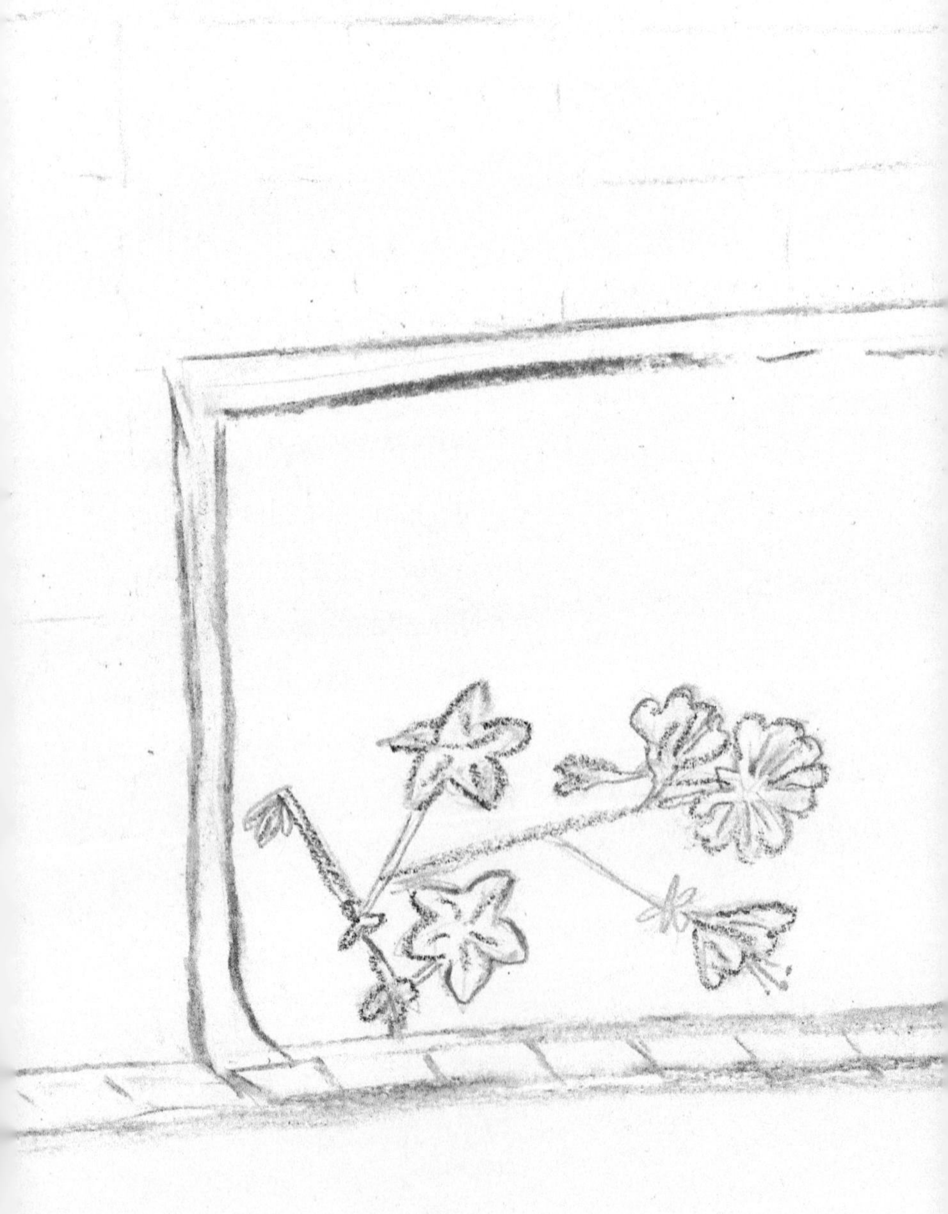

19/04/20
FLORJANELA

Única flor de gerânio
Galho desnudo assanha no vão
Um amarelo envelhece as folhas
E eu, entusiasmada com o botão
Arbusto desfolhado de vaso
Queria teu chá
Uma porção de tintura que seja
Salva-me sadia
Pra ver-te exibir florejando
Um rosa-paz moradia
Um acalento verde-bandeira
Estou em delírio de dia
Em coma sem eira
De ti, flor de beira!

FERRA E ASSOPRA

Farpa e veludo
Falácia.
Vestígio de fé
E fartura de nada
Fritada.
Vida enviesada
Fuzuê dos infernos
Veneno de vespa
              Vergonha.
Verdade fingida
Fatura vencida de nós
Fadiga
Fel...
Faleço a tempo
Antes que vire fumaça

TÁBULA RASA

Faz um ano, aquário sem peixe.
Faz um tempo, estátua esquecida.
Faz um dia, queda livre
espartilho, sem bolo de barro
     calabouço, sem cheiro de forno
     quarto escuro, sem colo de vó

Êta colher furada, barriga d'água
     Bola de neve, tenha dó!
          Arreda pro lado e descobre
A gruta de presépio pobre
Tablado de portas sem trinco
Verso sem rascunho e sem nó!

36 - NAMORADEIRAS EM QUARENTENA - MARIA IRIS LO-BUONO

20/04/20
JANELA DA ÁREA

Um metro de sol
Encontro marcado
Janela escancarada até o batente
De frente, só paredes
E vidraças sem gente
Cachorro late, um martelo bate
Roupa esturrica no varal pesado
Boldo murchinho agoniza seco
Cabisbaixo enrola folhinhas
Cadê a vizinha, não sei o seu nome!
Maria de cima, peço clemência
A conversa começa miúda
Salamaleques de convivência desnuda
Furtos de prosa da rotina em gaiola
Falo eu, concorda ela
E na caneca com água de tanque
Escuto a sede do boldo calar-se
Volto de tarde e me alegro de frente
Há viço verde na cara da gente
Aquele boldo desajeitado me espia
Aquele boldo espichado me alcança
Aquele boldo renova a esperança
Aquele, vive!

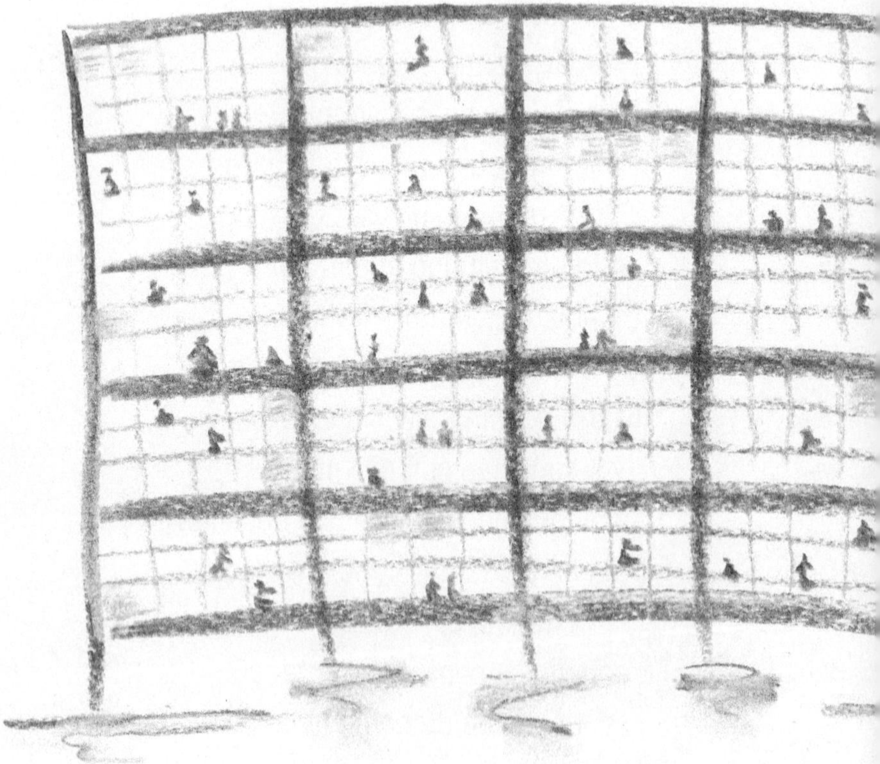

21/04/20
FERIADO

Abril 21
Abriu-me mais que vinte janelas
Pra caçar vermelho em folhinha
Alinhavos de proveito
De um dia que fosse perfeito
Pra sair e passear

    Abril 21
    Abriu-me menos que vinte portas
    Pra transpor corredor e sala
    Manobrar no escritório
    Tripular lavanderia
    Fazer de conta que é miopia

        Abril 21
        Tu vens resguardo e cautela
        Sem jejum de céu berrante
        És glutão de temperança
        Mas não burla a alforria
        De um pileque de alegria

04/05/20
CORTINADO

Não há greta no décimo primeiro
Um lacre de telas e vidro algemado
Cortinas de voal e forro inteiro
Despacham raios de sol
Embargam olhares vizinhos
Tornam os dias iguais
    Calendário não corre ali?
      Cadê café posto abrindo a matina?
Pão com queijo derretido, mamão partido
O sacode-farelo na cozinha...
Quem dirá um almoço domingueiro
Lasanha, carne assada e pudim
Não escuto brinde de taças
Nem fim de sílabas ao vento
A casa é um-não-sei-o-que-passa
Talvez tristeza, talvez alento
Um toma-fôlego escapadela
Um fui ali, não sei se volto
Mas se aqui me torno
Descortino a janela.

MAÇÃ DO AMOR

Quando viu aquela mão gemer teclando o piano,
Um gosto roxo-púrpura acendeu-a.
E ela travessa na escuta,
Desvestia-se ácida em confissão:
Deleite caramelado, adocica esse regalo!
Ei estribilho escarlate boateiro,
Estou condimentada... sou palato, língua e dente
Me traga um desassossego apetitoso
Quero agonia céu de outono.
A onda quente rasgou espessa a conduta
Da moça frutada
Da fruta molhada
Da polpa banquete
E a maçã do amor
Espetava...
    Espetava...
        Espetava...

INFLORESCÊNCIA

*E agora? Eu aqui, só, no meio dessa tarde aflitivamente calma

A chuva que não veio
Não espantou as mariposas
O vento fica ali embromando as folhas
Tão quente, não assanha nem Maria Sem Vergonha
Num ajuntamento que é de corar!

*E agora? Eu aqui, só, no meio dessa tarde aflitivamente calma

Poucas nuvens patinam
Não me esfumaram um dragão
Um rabisco amassado me alcança com capricho
Tão vergado, me atiça o atrevimento
Num deleitamento que é de corar!

E agora? Eu aqui, só, no meio dessa tarde aflitivamente tensa:

Maria com vergonha,
Olhe pra cima do muro de barro
O amor agarradinho é mais que trepadeira!
Nessa tarde aflitivamente doce
Somos cachos

*Verso retirado do poema Fingimento da Tarde do livro Quases, de Elvé Monteiro de Castro

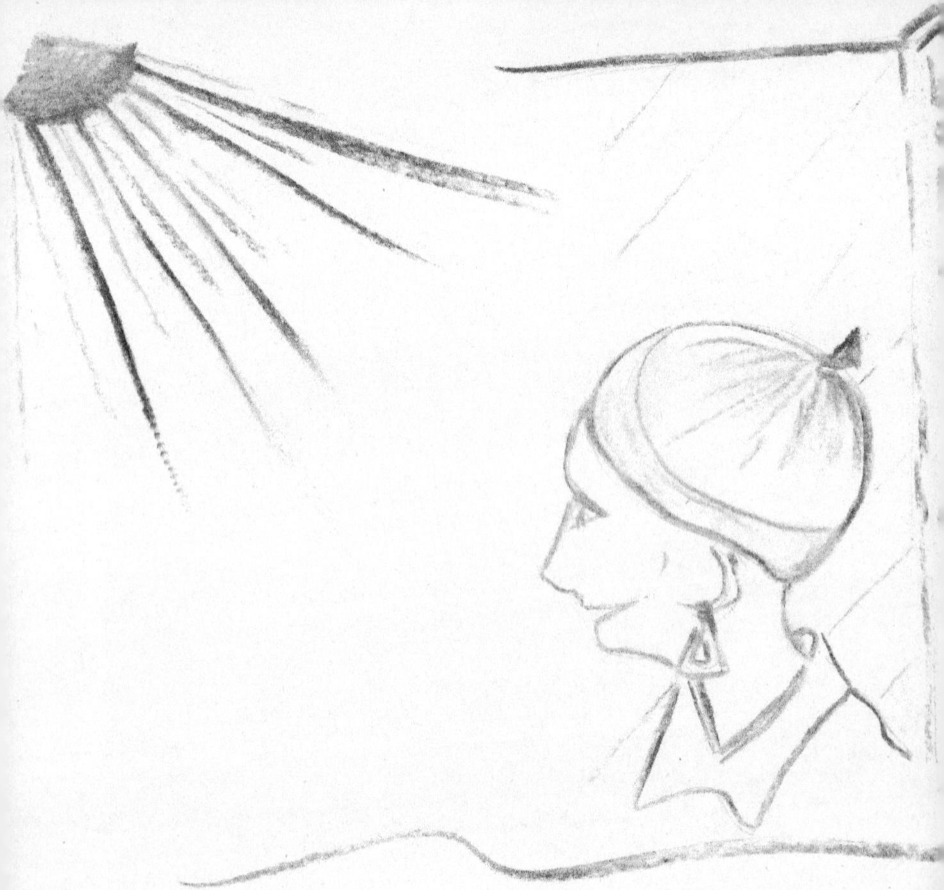

05/05/20

DE TOUCA

Fui de touca pra janela
Daquelas de meia de seda
Coragem que a gente não tinha
Também não tinha tempo
Vontade também não vinha
Pra sair da linha, confesso
Era cabelo domado
Secador e xampu condicionado
Potes em fileira no box
Cabelereiro com máscara divina
Tudo sem levar em conta
A força da vitamina
De um banho de sol com touca
É de graça, menina!

10/05/20
AVE-MARIAS

Quisera abrir a janela
E debruçada bem em frente
Encontrar seus olhos verdes
Me acenando um bom dia
Vejo outras, talvez mães
Faço prece pra que sejam
Também minhas quanto suas
A face doce desse maio
Emprestando a paz de linho
No domingo sem abraço
Não menos azul que o laço
Que me espera sentadinha
Debulha terço, salve-rainha

Ave-Marias
Uma delas, é a minha!

(Dia das mães à distância)

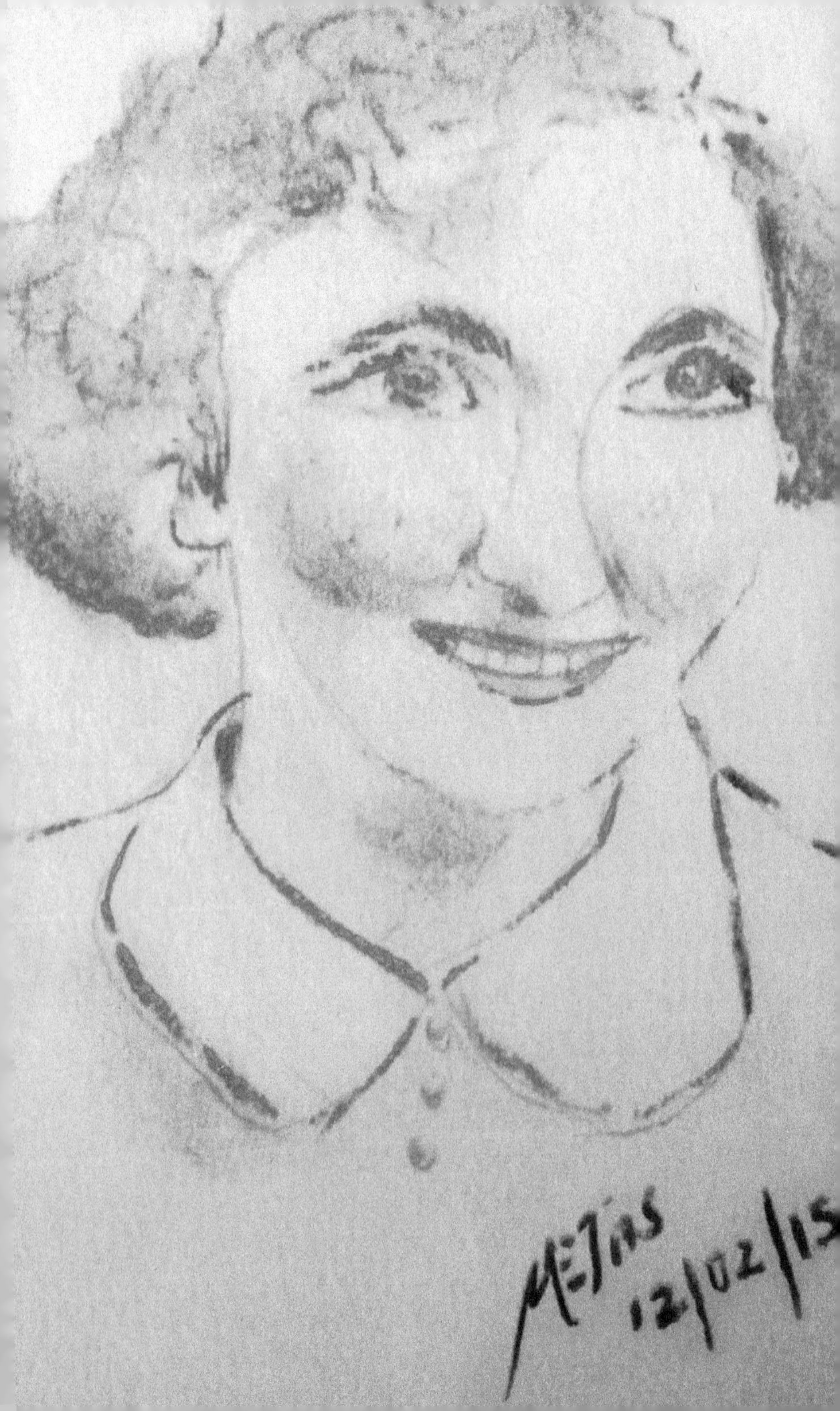
Mejias
12/02/15

14/05/20

MARIA JOSÉ, 88

De Maria e de José
Herda o nome e a coragem
Na história que escreve
É de fé com vela acesa
Mãe do céu na cabeceira
Contas gastas de rosário
E a reza sempre a mesma
Agradece com humildade
Cinco filhos, netos, pão na mesa
E o Tominho, cão de guarda
Melhor amigo, com certeza!
Veste azul de cruzeirense
Ou Bandeira da Itália
Vive a vida repetindo:
— A saúde é o maior bem, tudo o mais você já tem!
Sábia e linda, Dona Zezé
Hoje tem bolo e guaraná
E muita vela pra soprar
Pareço ouvir sua voz falando:
Quando puder, apareça.
Estarei te esperando!

(aniversário de minha mãe distante em BH)

NEFERTITI

Eu me encaixo em seu turbante

Teus olhos fecundam os meus

Me reconhece?

O-CA

Traça tosca

Teto oco

Turva porta

Oca morta

Torta

Oca...ô

　　c

　　a

　　de ti.

52 - NAMORADEIRAS EM QUARENTENA - MARIA IRIS LO-BUONO

21/05/20
SANIDADE

Posso dizer que vi uma laje nascendo
Barras de aço, arame, cimento
Chegam lajotas e mais um homem
E num vigor de amarração
Intercalam suor e marmita
Tocando a massa com a mão na vida
De teto, o sol morna a brisa
De lado, um telhado dorme
Gente afobada na rua não tem
Face coberta. Quem é quem?

Posso dizer que vi uma laje escorada
Parece eu, cá da beirada
Cosendo adjacente histórias
Hasteando um balanceio
Dias de espasmo, espanto e espera
Por um direito menos avesso
Às vidas sem brita lascada

A laje que vi prontinha
Desafia a ruptura
E me conta a céu aberto
O segredo de seu traço:
Respeitar bem a mistura
Sem vazios ou fissura!
Uma laje com saúde eu vi.
Quem dirá, nós!

25/05/20

NÓDOA

Quarei
Capas e fronhas
Travesseiros desnudos
Demolhei o amarelado
De panos de copa e de chão
Quisera jorrar anil e vinagre
Bicarbonato ou sanitária
Na trama embolorada
Da notícia diária!
Tem nódoa na fala,
Ego encardido
A Verdade enxovalhou.

Nem sol do meio-dia quara

56 - NAMORADEIRAS EM QUARENTENA - MARIA IRIS LO-BUONO

30/05/20
ACRÓPOLE

Espio uma colcha de retalhos
Parece renda de bico invertida
Bordando meu vão num serpenteio
De concreto quadriculado

Espio um quartil amontoado
Prédios fincados a granel
Quebram linhas de terreno
Num sossego espigado

Espio pontas bulindo o céu
Amolando a agudeza
São para-raios porco-espinho
Antenas pé-de-galinha
Mas o teto azul não se ofende não
Tem parabólica arqueada
Verde de vaso flor de sacada
Combina lisura com aspereza
Cimento e natureza
Oferendas luz do dia
Cortinado véu de noite
Salve a homeopatia!

PESADUME

Tudo escuro
Soturno
Baú com caruncho
Sussurro de múmia
Repúdio
Tudo escuro
Casulo
Graúna de luto
Urubu na bruma
Recuo
Tudo escuro
Embuste
Queixume fúnebre, coruja:
Medusa, viúva de Judas.

MARIANA

Apagaram o dia, noite de piche
Saraivada de lama tragou Maria
Procurei Maria na janela
Janela não tem
Cheiro de funcho não vem

A namoradeira de barro...
quebrou.

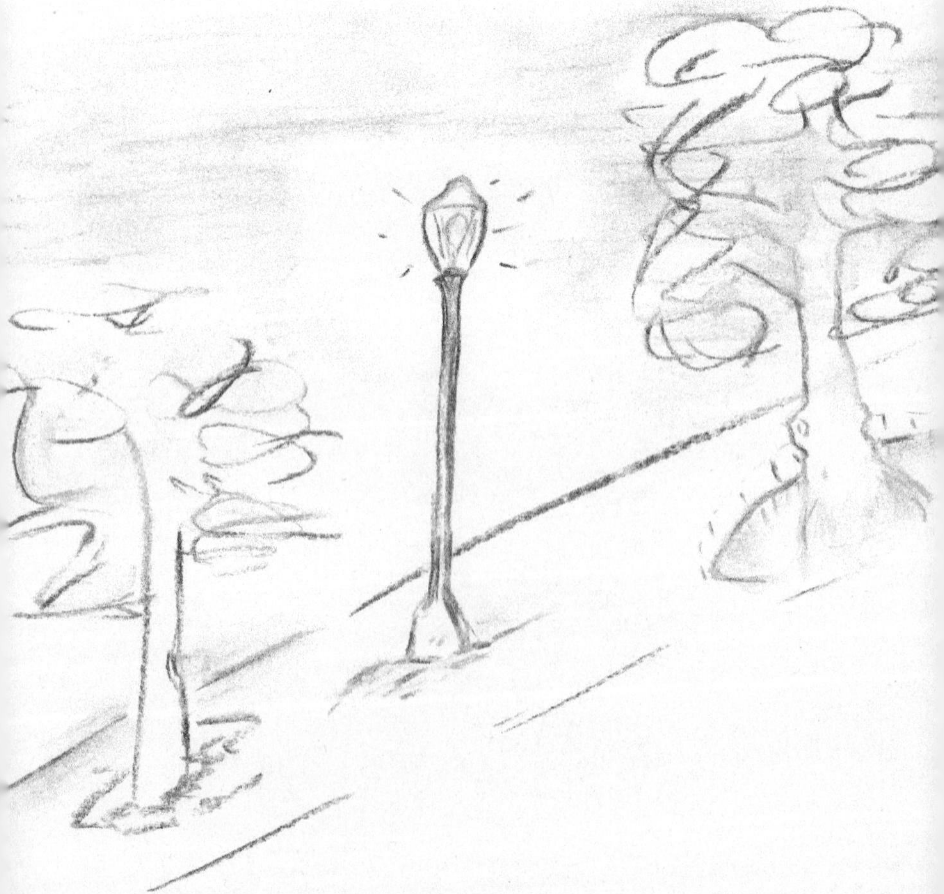

31/05/20
CREPÚSCULO

Cai a tarde em tacho de cobre
Um laranja escorrega
Vai dourando venezianas
Desmaiando o azul do céu em absolvição
Vejo copas a tingir seus verdes
De um musgo extenuado
Sem o sol como abajur

    É hora da troca de guarda
    Luzes de postes restauram o mando
    Um farol lambe o asfalto
    Aposento joelhos na poltrona
    Contemporizo a mansidão
    Num pilequinho de sombras
    Estou cinza de esquinas

    Minha sede agora é prata
    De lua.

62 - NAMORADEIRAS EM QUARENTENA - MARIA IRIS LO-BUONO

08/06/20
A BOLA DA VEZ

Varandas andam cheias de si
O vazio foi destronado
Correram com a poeira de lá
É passadouro obrigatório
Pedágio pra quem pousar lagartixado
Bicho, hortinha, flor e roupa na grade
Disputam carentes um gole de sol
E passa a vassoura sem fôlego
E chega um sapato privado de ar
E a manta reclama o peso da colcha
Superabundância
Quem não quer avarandar?
Sacadas e alpendres de fins de semana
São agora alfa e ômega
Metro quadrado cortado em itálico
Mas não ofuscam a largueza
De um cadinho de quintal
Ou janela benfazeja

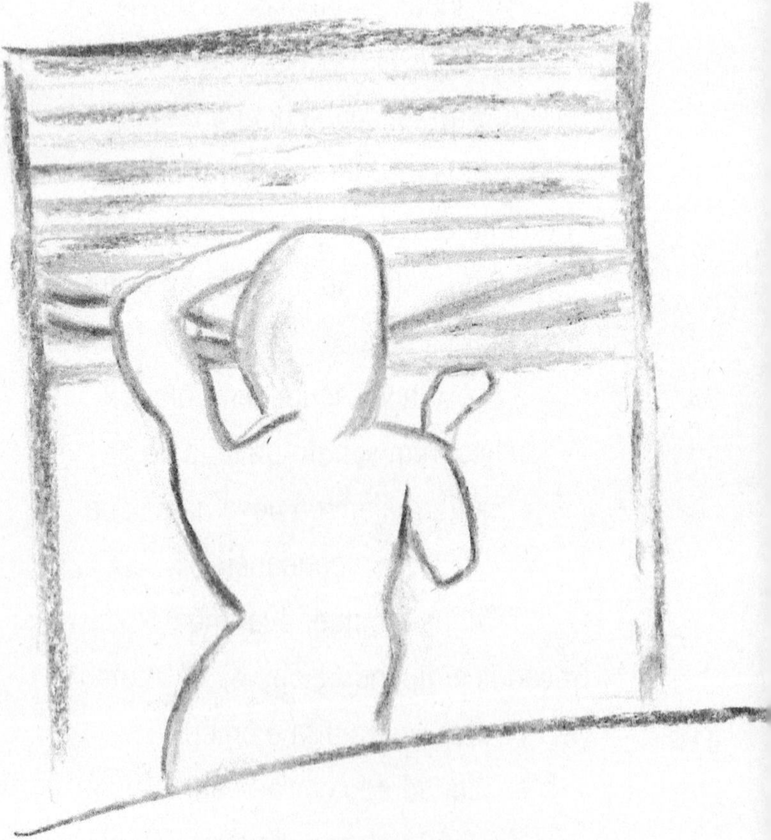

09/06/20

QUEM MAIS?

Desatino de cortinas
Alguém espia
Persianas meio a meio
Você não desconfia?
Esses vidros cor de noite
Escureza sem alvura
Concedem alvará pra pioneiros de aventura
Forasteiros de janela
Em cruzeiro, surto ou calmaria
Aprochegem-se, há licença!
A conjuntura não põe tranca
Estacione sua pressa
A permanência anda volúvel
Metaforma o anteontem
Irrevoga o ponto e vírgula
E eu... de cá em concordância
Te aceno em conluio
Espiamos em consórcio
Confinados nesse hiato
Um parêntese para o ócio
Um respiro anonimato!

CAQUI

Um vento passou vermelho

Cá estou quiçá
desfeita
Labareda treme-treme
Deleite carmim de língua
Quinteira meninando

Cá estou quimera doce
Maria mole sem encosto
Molhada de chuva lisa
Em coma vagabundo

Cá quietei

SEXOCÊNTRICO

Telessexo e outros sexos
Sequestram-me às sextas
E eu, sequoia em sexarca
A c e i t o

São sextas com seiva
Desconexas
Sem sépalas nem sebes
E eu, cereja em ressaca
R e f r e s c o

São sextas circunflexas
Seriadas
Séquitas servas
E eu, serelepe agridoce
E s c o r r o
Sexo

Anexo uma g$_{ot}$a por email.

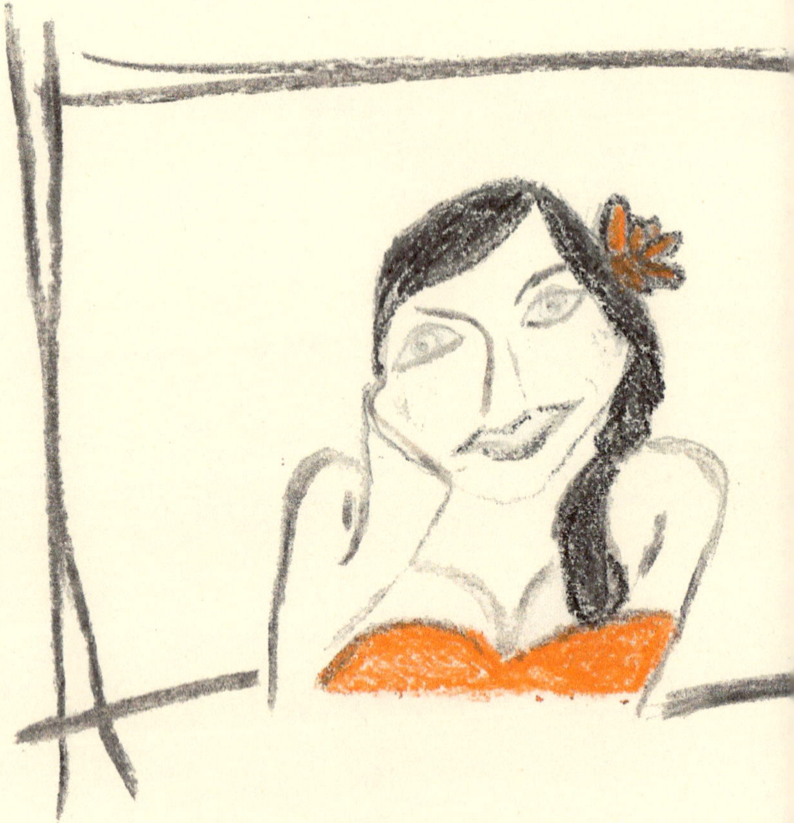

12/06/20

JANELA DE DENTRO

De arregalos e mãos no queixo
A namoradeira de janela estava
Enviesou a prontidão de sempre
Da bisbilhotice costumeira

De costas pra rua hoje
Deu de cara com ele
Sorriu largo, sorriu muito
Cravou-se um flerte cruzado
Luz de olhos, paz e pacto
Quedaram-se vagarosos
Um esbanjamento!

De costas pra rua hoje
A namoradeira de janela ficou
De chamego e mãos dadas
Enjeitou a prontidão de fora
Escancarou a janela de dentro
E penhora o dia por mais prosa
Cozinhando a tarde em fogo lento.

E o pernoite?
Houve quem a viu descer da janela!

(Salve o dia dos namorados)

15/06/20
GAVETINHAS

Da janela pra dentro, balanço.
Gaveta e estômago não podem lotar
Engordam a vida
O que não faz caber, sobra.
Que mania é essa de encher espaço?
Passei em revista os armários
Desci maleiros.
Desempilhei trecos
Desfiz.
Calafetei ímpetos.

Tramelei ofertas de internet
Cadeado na gastança.
Basta.
O mais morreu. Debandou.
Compressas de água fria no amanhã
Hamamélis nos cantos
Viver para contar a história
Estamos sitiados abrindo gavetas
A cura, por enquanto, é achar sais de amor.

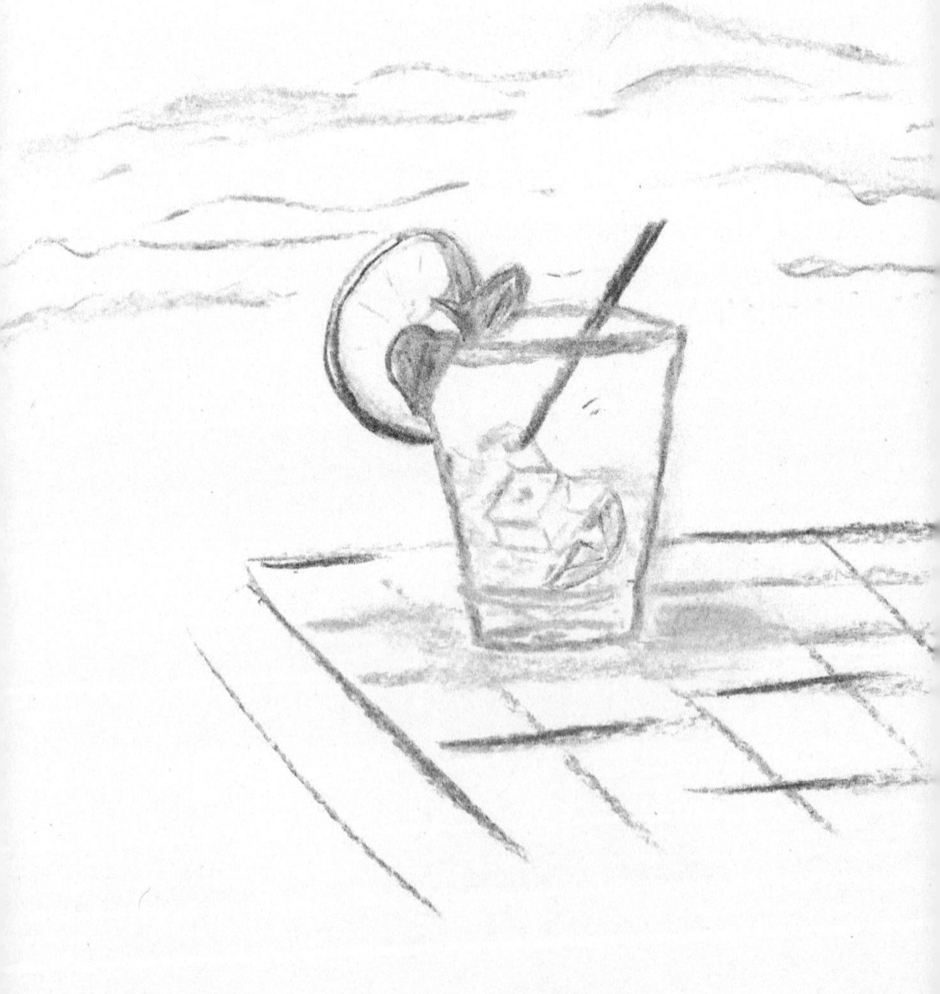

20/06/20
VEM DE LÁ

Esse cheiro do dia brotando
Retrospectiva de casa na praia
Aquele sol intolerante madrugador
Cortina nenhuma barrava
Preguiceira também não
O quebra-ondas implorava o levantar

Era um cheiro do dia estalando
Em comitiva de cores
Um céu azul por franquia
De um azul emancipado
Um véu de verão passado
Me invadia sem algemas

E aquela areia granulenta?
Cor de pérola embaçada
Arruaçava meus pés
Num atoleiro repentista
O bailado do mar passava em revista
Eu bem moça bonitura
E joga a renda de espuma
E me abraça na verdura

O cheiro do dia é sal iodado
ACHO QUE VOU PEDIR UMA CAIPI

HORS D'OUEVRE

O antepasto se estendeu
Tomilho e cebola desmanchando em olivas
Um guardanapo escorria azeite
E pingava, e pingava...
Enxurrada na toalha de crepom
O tijolo de saúvas eram pés enamorados
Joelhos tropeçavam, vespeiro no telhado
E zumbiam, e zumbiam...

Só um bule sem fumaça adormecia.

PROSÓDIA ÁRABE

Um timbre veludo azul
Me invade marinho
Me alcança grave
Grave me alcança
O timbre do árabe

Aquele tom protela a pressa
E me descansa
Água de rio mansa
Tarde caindo lenta
Um tom descalço

Vem de um árabe altivo
Esguio
E me alenta
E me atenta
Entorpe de sândalo e mirra

Barítono maduro e afiado
Ordena o compasso
E pisa o palco sem pausa
E pisa o palco sem luvas
Oh árabe de longas mãos...

No desvario de véus, desfaleço mulher
Odalisca, espada e lua.
Amando a noite, amanheço menina.
A voz do árabe?
Acorda o dia e grave me alcança.

23/06/20

PRATA DA CASA

Aquelas panelas voltaram
Tombadinhas a quarar sol
Ainda respingam na grama
Ficam ali meditando
Arranjadas em pilhas
Abandono no quintal de frente

Na roça, bem vi um dia
É ditame de capricho
Alumínio pra brilhar sai da pia
Vira adorno de tanque ou bica
Se tem alça, dependura
Se não tem, caça arrimo
Mourão de cerca, chuchuzeiro
Até beiço de barranco vira aba
Já é tarde alvissareira
Sinhá recrutando panelança
Tabuleiro, caçarola e canequinha
Vem alumiar minha cozinha!

Tomei café com luzimento por luxo
Frigideira que é frigideira
Tem que cegar vista
Ou sai faísca ou não põe mesa!

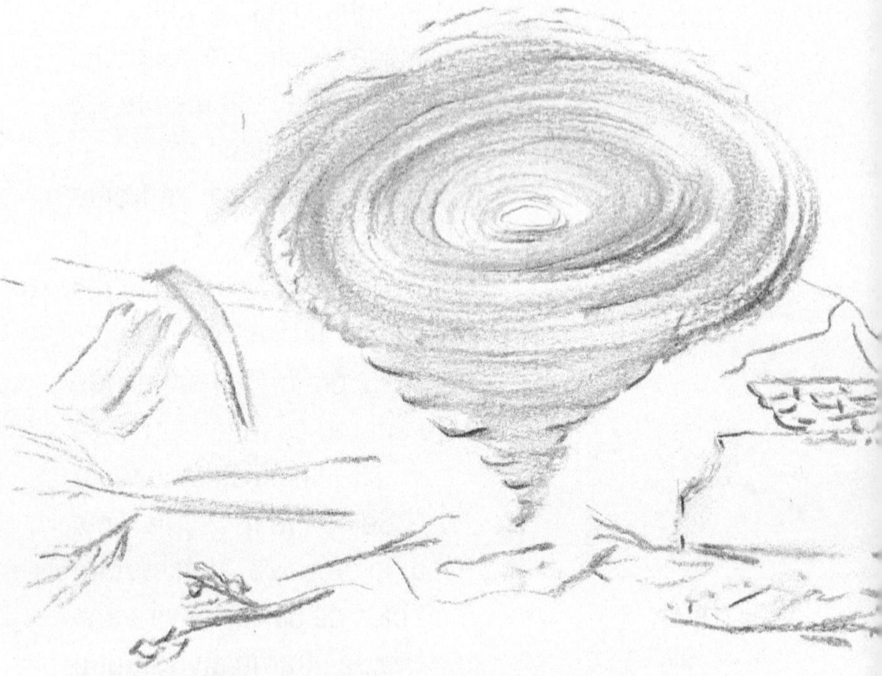

04/07/20

OS MASCARADOS

O céu ontem tronou tinindo
Furioso no retumbo e alarido
Golfou rios de raios, lanças de luz
Repique de banda, clarineta

O céu que berra vazando
Um chuvisqueiro tromba d'água
Desaloja o entulho, esbravejando
Céu não fica de mal à toa

Essa molhança toda é descarrego
Dormi pensando
A gente avacalha a lida
Fabrica ódio e fecha os olhos
Empenha fé no factóide
Cadê o discernimento?
...
Nem o ciclone bomba destelhou a máscara dos homens.

(Passagem do ciclone bomba no sul do Brasil, junho 2020)

01/07/20

TIO ROMINHO É 100

Apagar 100 velas
De pé e sorrindo pra gente?
É benção de Deus
Levantar-se pra me abraçar
Com falinha de carinho
É força de vida!
Aquele humor que diz:
— Vou ficando por aqui até Deus quiser...
E está. Não sonha baratinho
O amanhã tá na lista
E quer fazer tudo sozinho!
Seus conselhos têm cadência
Serenidade e paciência
Não viola a elegância
Tampouco a persistência
De aprender além da conta...
Tio Rominho torna novo o sol que nasce
Há 100 anos

Parabéns, querido tio.
Hoje abri janela só pra te ver.

SEM PEDÁGIO NEM PRESSA

O pêndulo não perdoa o tempo
Não para!
É peste!!
É pressa!!!
É porre para a pachorra plena
das pobres preguiças que prostram
e emprestam pudicas
pálidas piscadas paridas
aos pares no topo do pau.
Pórtico amplo de paz
Prelúdio de prazer
Não pede pedágio
É preguiça apenas

O TEMPO PAROU PRA MIM

Quando despi mexerica
Vi água de prata na bica
Correu galinha, voou beija-flor
Mangueira abraçou sombra farta
E o tempo parou
Vaguei adágio na luz
Ocaso rompendo em vacilo
Manta canela carmim
Caiu coralina sem pressa
Freando o tempo pra mim
Os pés salvaram formigas
Catei manga fresca fortuita
Ouvi complacente as folhas
Em coro gentil no capim
Os olhos deitaram em lago
Quedando o tempo pra mim

Foi quando brotei poesia
Lume pulsando em volta
Olhei simples de grado
Janela idosa, flor de garbo
Forno moldando comida
Criança trocando letrinha
Abraço de mãe, filho esperando
Varanda com rede espichada
Gente feliz por nada
Eu feliz por tanto
Deus guiando meu lápis
Abraço açucena em prece
E o tempo para pra mim

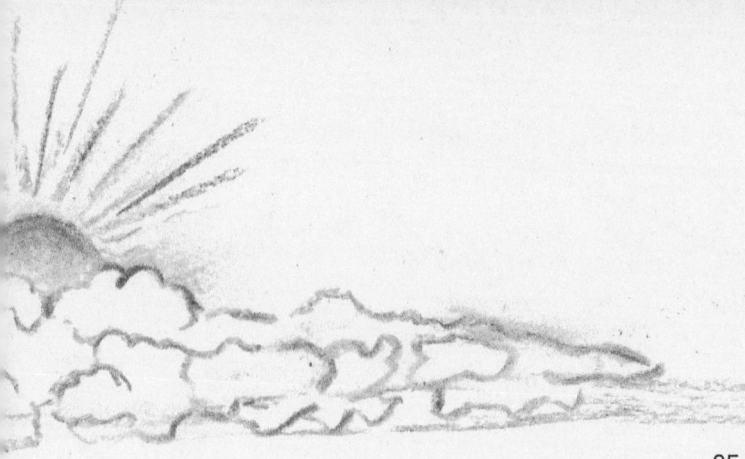

05/07/20

A VIZINHA DO PRÉDIO AO LADO

Roupa no varal estacionada
Janela calada
Aquelas cortinas plissadas no canto quedaram
Ninguém passa da sala ao quarto
Só uma fresta na vidraça ficou
Chaleira não chia
Cheiro de sopa se foi
Vestidinho branco, cabelos de paina
Fecharam o livro.

Contei 102 nuvens brancas no céu.

05/07/20

ATREVIDA

Soberba lua
Já apaguei a luz da sala
A janela escancarei
Deixei louça na pia
Café esfriando
Abandonei conversa
Poltrona e almofada escolhi
Larguei costas espaldando
Espiã devota de ti
Puxo a manta na gaveta
E me esqueço em sua órbita
Escorrego se tu sobes
Sorvo um gole de beleza
Quero outro, já tô tonta
Essa lua é labareda!
Não se aquieta a candieira
Fica lua, sossega o facho!
Quer brincar de esconde-esconde?
Veste nuvem, veste prata
Sou rodopio em crescente
Brancura e sombra minguante
Quero ser lua fogueira
Quarentena em lua cheia!

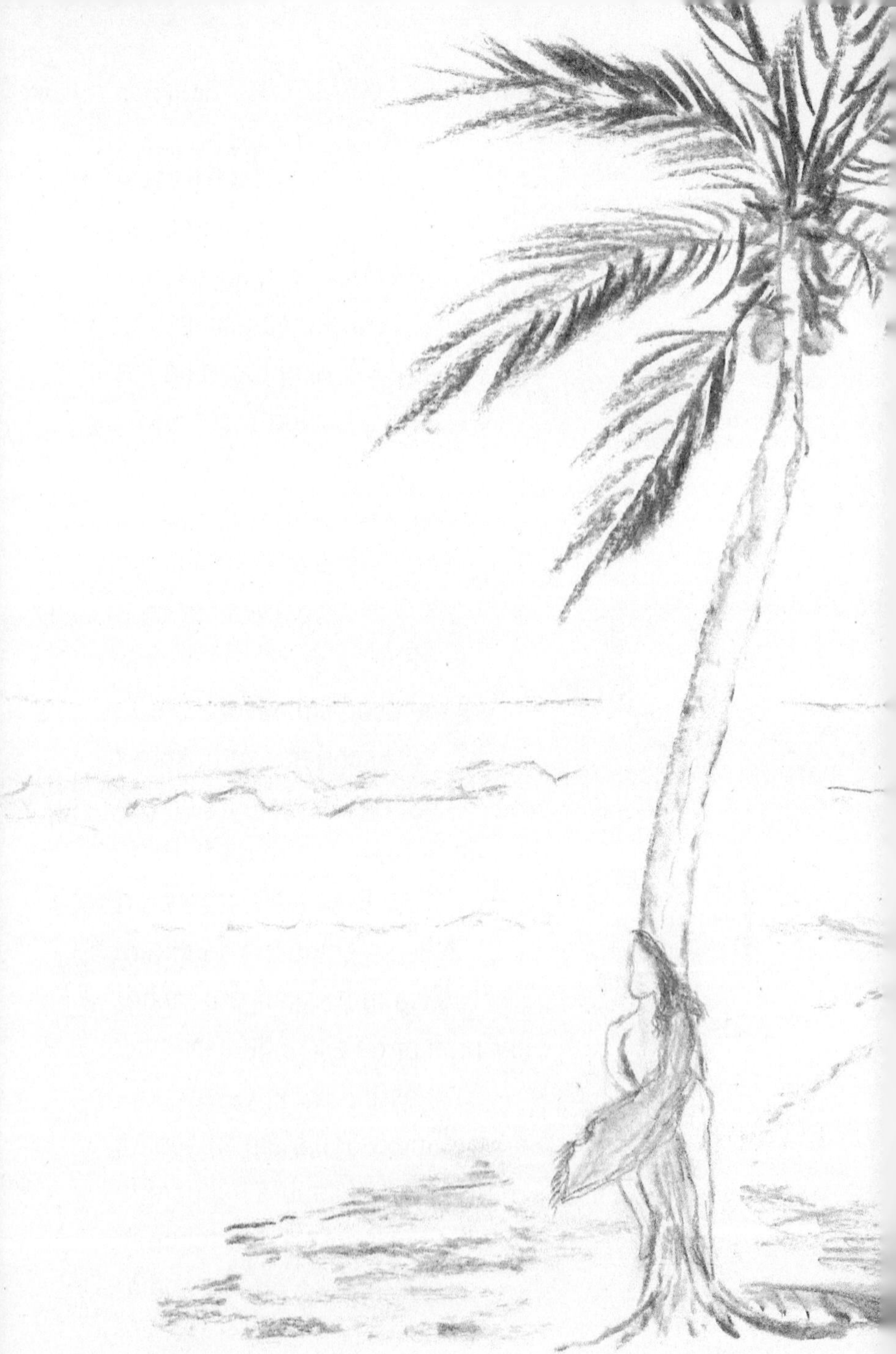

08/07/20

COQUEIRAR

Aquela palmeira se levanta esguia
Todos os dias desfila austera
Veste-se impecavelmente verde
Alinhada e narcisa
Fica ali de formosura torneada
Nem uma folha desengonça em careta
Boa fachada, atrai olhares
Obra prima da natureza

Já o primo coqueiro
Nem sempre garboso, se gaba
Da sombra pra rede na praia
Franquia de água em cachos que só
Ah, coqueiro não tem vergonha na cara
Enverga tronco lambendo areia
Dentadas de palha no vento, nem fala
A mim, abraçou assanhado
Descabelado em poses descambamos
Despojados, vulcão braseiro
Me chama, coqueiro!
Que eu vou

ACATO

Navalha áspera na palha

H i a t o

Manacás se coram

Ela, pálida e casta

Já é dália

CASTANHOLAS

O vestido vermelho ouviu

Os sapatos apressaram os pés

O decote se abriu

92 · NAMORADEIRAS EM QUARENTENA · MARIA IRIS LO-BUONO

12/07/20

NÃO ESTOU ACREDITANDO

Estava nos olhos verdes
Euforia derramava da face
Três mascarados a fitavam
No corredor, um campo magnético.
Só ela falava...

O depois não conta
Agora é café com prosa
Bingo, mico-preto, monta-palavras
A tarde fincou pé na cozinha
Chocolates sem açúcar na mesa
Todos de prendas pra ela
Até corte de cabelo ganhou
Os dedos leves da neta puxaram soneca
A reza do terço adiou
Depois eu rezo, já tenho amor!

E brisa soprou na varanda
Mais um sol descortina a fresta
O castelo dos contos acorda a fada
Pra nossa benção na estrada
Até já, Dona Zezé!

A primeira visita surpresa à mamãe com os dois filhos em BH, após quatro meses do início da pandemia

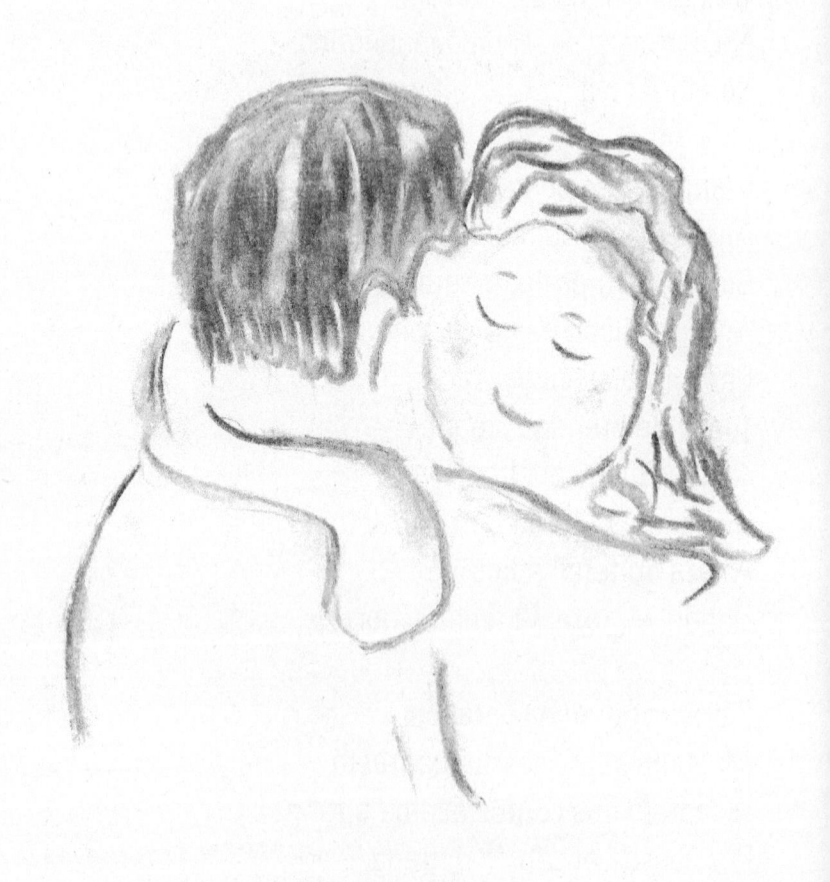

18/08/20

CASA DE VIDRO

Ruído de chuva, de carro, de serra
Canto de roda, sax ou bem-te-vi
Mas grito igual aquele, nunca vi
Vizinho espia, debruça janela
Tem gente espumando brabeza
Cospe fogo, dinamita
Não dá trégua, não põe vírgula
Vem polícia e amontoa
Joga água na quentura
Ninguém sobe, ninguém desce
Um silêncio estaciona
Só a sirene não dorme. E eu.

Quem?
Quem nunca fechou o tempo?
Abalo sísmico, ebulição e arritmia
A vida trepida, lateja a gangorra
E no passa e repassa, vacila.

Quem?
Quem nunca puxou ar carregado?

Pedido de ajuda, amparo
O ar anda muito encorpado, massudo
Precisa de polícia não.
Só de abraço

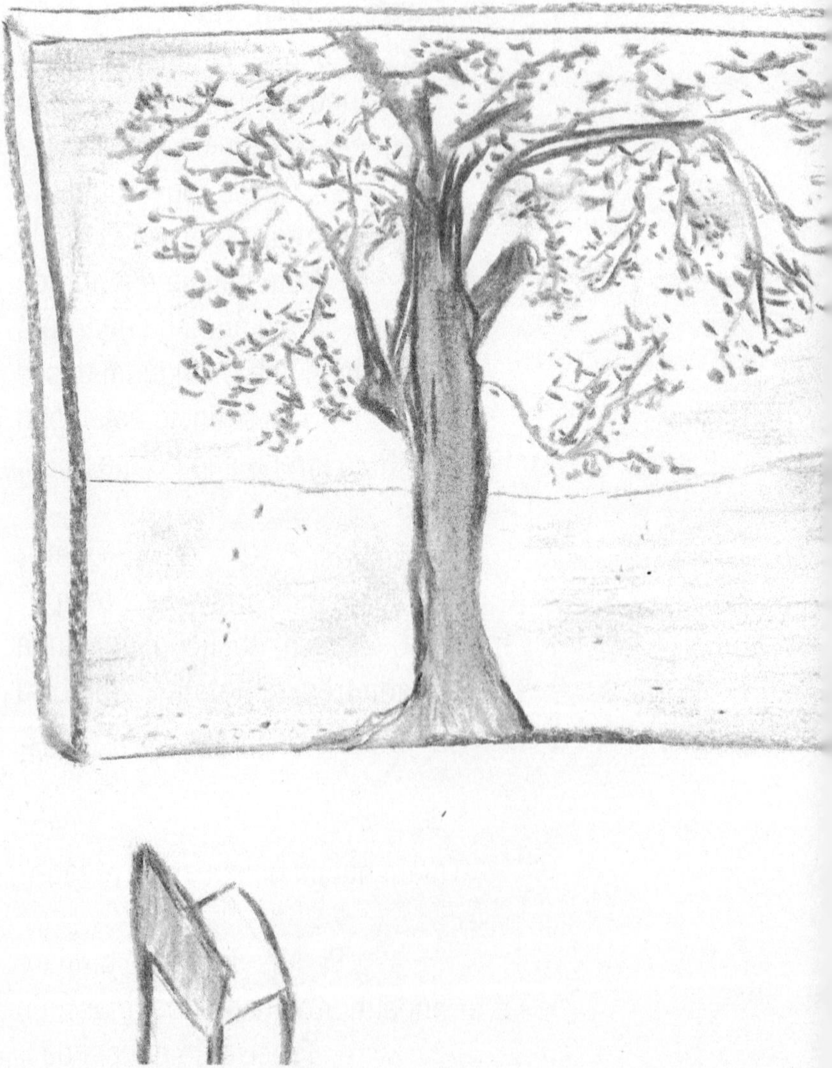

29/08/20

AGOSTO

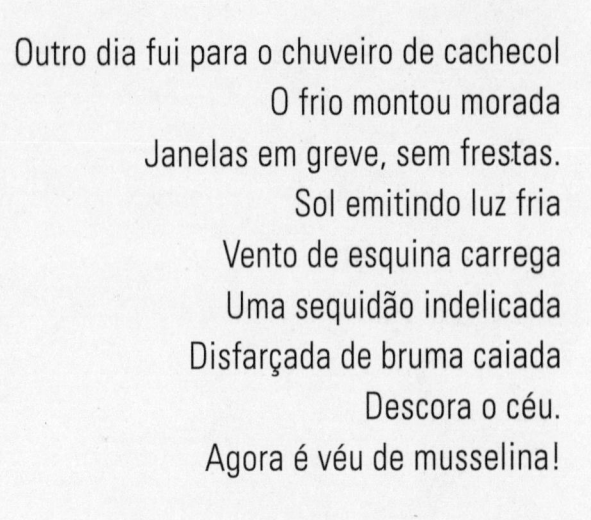

Outro dia fui para o chuveiro de cachecol
O frio montou morada
Janelas em greve, sem frestas.
Sol emitindo luz fria
Vento de esquina carrega
Uma sequidão indelicada
Disfarçada de bruma caiada
Descora o céu.
Agora é véu de musselina!

Azul de agosto tem tardes groselha
Incandesce molduras. Não gente.
Mas traz um presente de rua
Tapeta de flor o pisar
Cor de rosa matizado
Um amarelo de deslumbrar!
Disputam ipês e cerejeiras
O meu e o seu olhar
Margarida sapeando a grade
Quem a gosto espera setembro
Pois olhe de novo o pôr do sol
Igual a esse, só para o ano
Se me lembro!

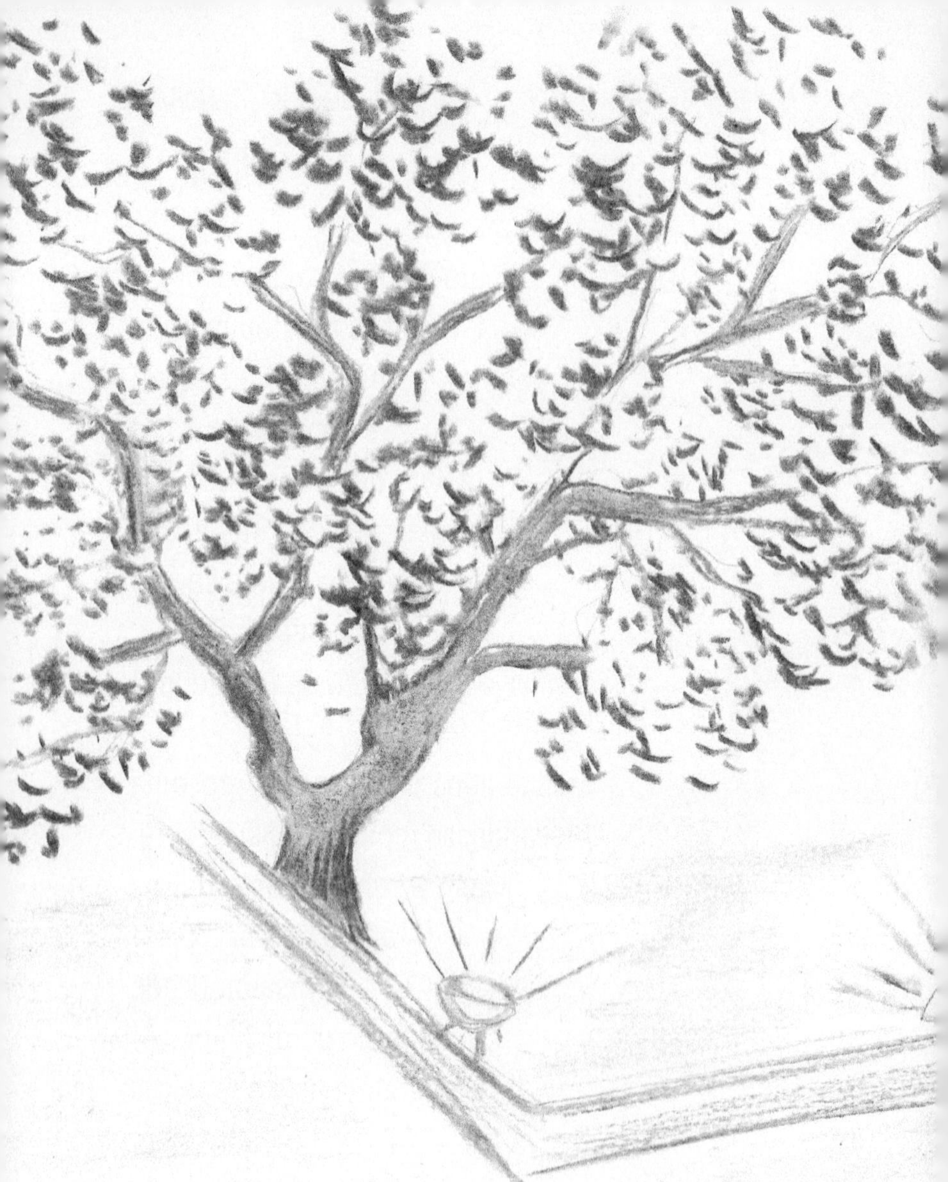

05/09/20

FULGÊNCIA

Cheiro de noite invade a sala
Parapeito ocupado, espio.
Aquela luz verde só vejo de esgueio
Abraça a maior árvore da rua
Fica ali esmeraldando o tronco
Fazendo que é noite de festa
Fingindo que não me vê
Como não?
Sei que és posseira, labareda espraiada
Pirilampo de metro clareia de longe
A tipuana árvore-mãe
Porte alto, prima-dona e cabideiro
Um braço espicha, vira teto e poltrona
Capoeira rua acima, toma conta
Defende agouro, insolação
Quebra-vento, traz frescura
Aninha gente e passaredo
Iluminada e sem parola
Desfolha a roupa em cadência
E eu aqui de pijama e pantufa
Consumida nessa ópera!
Luz de jade, hospedeira
Não fecho a janela hoje. Desbotei.
Dê-me um trago desse verde!

PRAGA PEGA

Mordi rasgando
Mordi rangendo
Mordi raspando

Rubor arranquei da romã ruidosa
Farra fresca na garganta morna
Ranhura ardendo em
roupagem rubra

Jorro e arremesso
Rebuliço e arrefeço
O rapto da ruiva foi praga
de amor.

SAPOPEMA

Numa calçada descalça da Cubatão uma árvore caduca
Suas raízes não.
Estouram pedras em casca rusguenta
Volúpia taluda mastigando cimento
Valem-nas uma couraça nodosa
uma couraça sacudida
São raízes marquises
de folhas secas, pedaços de água
rasgos de coisas cor de lesma e outras coisas
em metamorfose de chuva.
São raízes manjedouras
de crianças sozinhas, sapato furado
caramujos e tatuzinhos besuntados em papel de bala.
São raízes testemunhas
de formigas afobadas em passarela.
Umas bem vestidas, casca de laranja;
outras gabando uma pétala de rosa vermelha listada verde-grama
E enquanto essas e outras raízes irmãs adormecem a pressa da rua...
a enxurrada esfria o asfalto zangado.

Amoleço e recuso o café com gotas de trovão.

102 · NAMORADEIRAS EM QUARENTENA - MARIA IRIS LO-BUONO

15/09/20

CONFINAMENTO
O sol estava histérico
E eu, cativeira de janela
Ganhei mandado de soltura
Levei meus pés pra calçada
A máscara combinando com a malha
Toda escrupulosa, rédea curta
Não fez pouco do eucalipto
Cheiro bom deixa passar
Brisa quente deixa beijar
Até vento assanhado aturou
Pois vento varreu coque feito
Limpou medo, lambeu mofo
Arou pele pra Deus sol

Oh, máscara benta, máscara minha
Cão de guarda fieldade
Me protege, santa madrinha
Desse trem descarrilhado
Seja firme e não arreda
Daquela face de arrogância
Desinfeta a cara dura
Não laceia, tá em falta
Varredura na esquivança
Dessa gente amontoada.
Só namoro no portão de agarramento
Com seu aval sem ciumeira
De tantos dias de confinamento!

(primeiro passeio mais longo de máscara em caminhada distanciada pelo bairro Paraíso, SP)

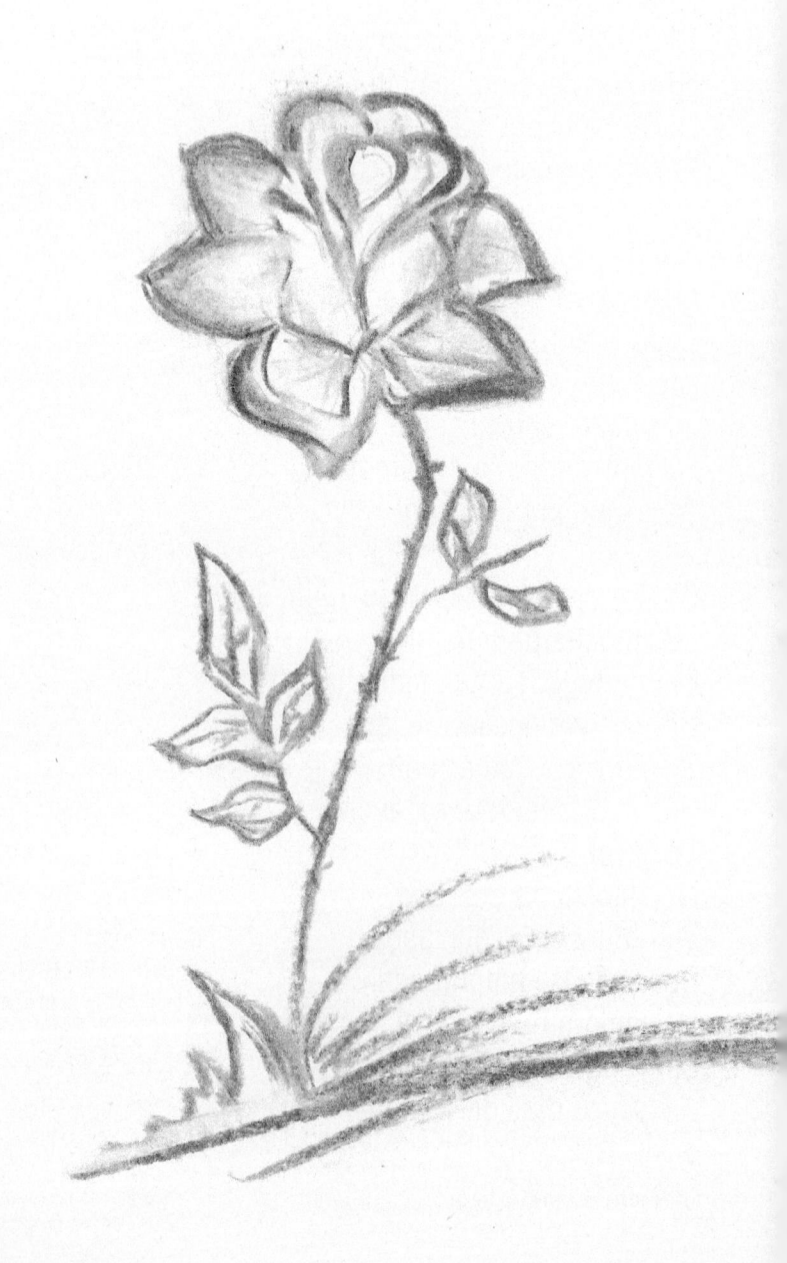

03/10/20
PRÍNCIPE NEGRO

Lavei vidraça, chuva molhou
Ligo não.
Ganhei brisa fresca
O ar andava embaçado
A grama do vizinho ferrugem
Agora tá lá, exibidinha
Numa verdança militante
Estou clorofila fitando o jardim

Também quero esse cheiro de erva
Deito alecrim na panela
Água quente, sálvia e limão
Mudei de estação
Troco de folha, sou broto de novo
Vermelho pitanga, laranja, bordô
Vigio a rosa príncipe negro
Tão corola, de saia rodada
Olha q´essa rosa tá de anágua
Só tu mesmo pra fazer ajuntamento
É tanta pétala alinhavada
Nesse plissê de luxo em veludo
Oh rosa solitária sem moldura
Não tortura mais meu suspiro
Já desço aí borboleta ou beija-flor
E anulo por hoje a dívida de amor...

106 - NAMORADEIRAS EM QUARENTENA - MARIA IRIS LO-BUONO

07/10/20

FAXINEI

Aquele pó fugidio
Escondido nos vãos
A mancha do box
Ou corrimão
Vidraça pálida de susto
Vida embaçada
Ah, que saudades que eu tava
De um cheiro lavanda
Um brilho mais nobre no piso de taco
Cortina lavada, balé de vento
Tapete escovado com aquele cuidado!
Botei de molho o banheiro
Cozinha, foi banho inteiro
Cheiro de loja na sala
Flores da feira
Enfeitei!
Não quero mais outro abrigo
Se não o meu,
Casulo amigo.

Quisera eu lavar o mundo.

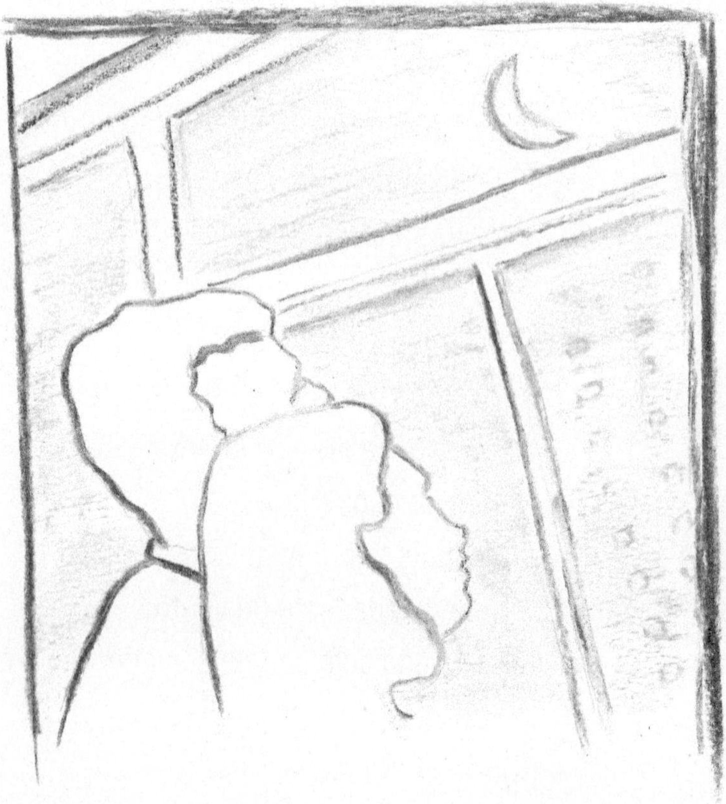

19/10/20
VAI PASSAR

Uma lufada bateu janelas
De hálito amargo e farpado
Golfada obtusa no colo da gente

Pandemia lixadeira assumiu
Pedra afiadeira saqueou seu dia
Te deixou em frangalhos
Em declínio de abraços
Em demanda de si

Pandemia ferrão de abelha
Espinha de peixe na garganta largou
Me deixou em custódia
Por mais você ao meu lado
Em lerdeza de pausa

Ela, ainda na passarela, debota-se
Já cambaleia, dá mais voltas
E nós, sem cartilha e de tocaia
Vamos de caldo de galinha
E pé na tábua
Abrindo janelas...

OUTRA JANELA DA AUTORA

Maria Iris Lo-Buono Moreira – Iris Lo-Buono, graduou-se médica pela UFMG em 1984. No aperfeiçoamento do contato com clientes tornou-se International trainer em Programação Neurolinguística pelo Southern Institute de PNL da Florida (Málaga, Espanha - 1997, Aix-Les Bains, França - 1998 e San Sebastian, Espanha - 2000) em Aplicações Avançadas em Negócios, Terapia e Educação. Em 2004, voltou à UFMG para se especializar em Neurociências e Comportamento. Viveu vinte e dois anos em Juiz de Fora, MG, onde se dedicou à consultoria em Modelagem de estratégias cognitivas e orientação de profissionais, empresas e seus segmentos, em busca da excelência comportamental no falar em público, negociações, coaching ou em certificações licenciadas em PNL. Em São Paulo, desde 2008, coordenou a área de Comunicação da empresa ClearSale, quando escreveu o livro institucional lançado na Livraria Cultura em 2012 "A ClearSale tem um segredo" sobre gestão através das pessoas. Desde 2014 devota-se ao coaching psicoterápico e treinamentos corporativos para Open Mindedness.

ESTE LIVRO FOI IMPRESSO NA PRIMAVERA DE 2020